FELLINI 8½

Cet ouvrage est publié à l'occasion de l'exposition
Tutto Fellini – Huit et demi
présentée à la Maison du Diable, Sion,
du 15 septembre au 18 décembre 2011.

© Paul Ronald / Archivio Storico del Cinema, AFE, Rome
© les auteurs pour leurs textes
© Fondation Fellini pour le cinéma / Musée de l'Elysée / IDPURE, 2011

ISBN 978-2-9700702-2-1

FELLINI 8 ½
Photographies Paul Ronald
Interview Anouk Aimée Paul Ronald
Ed. Sam Stourdzé

«Ricordati che è un film comico.»
Federico Fellini

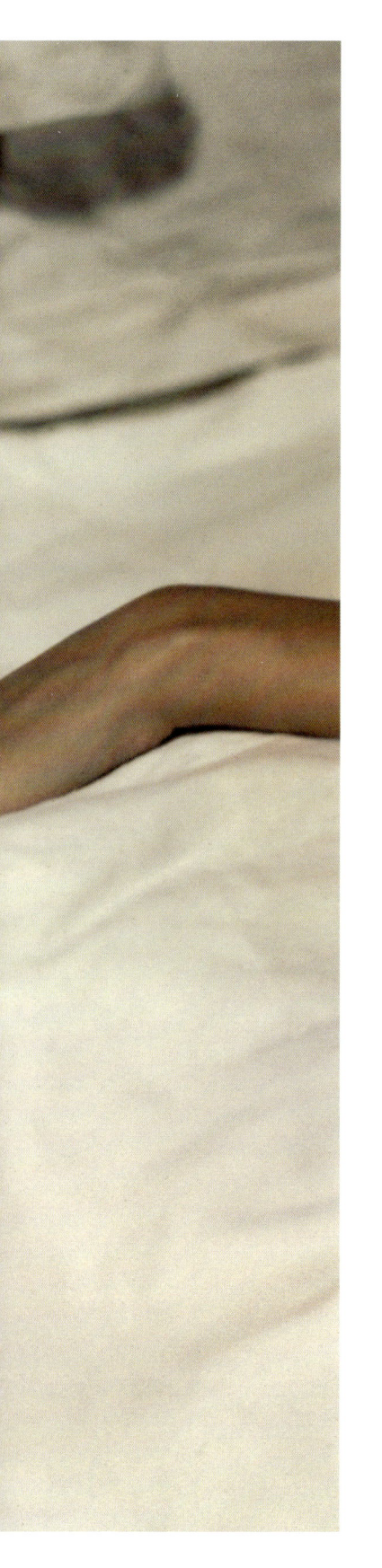

«Ma questa confusione sono io.»
Guido Anselmi

4–5
Federico Fellini

6–7
Marcello Mastroianni

8–9
Marcello Mastroianni

10–11
Jean Rougeul
—
Marcello Mastroianni

12–13
Federico Fellini

14–15
Marcello Mastroianni

16–17
Claudia Cardinale

18–19

20–21
Marcello Mastroianni
—
Claudia Cardinale

22–23

24–25
Tito Masini

26–27
Marcello Mastroianni, Guido Alberti

28–29
Sandra Milo, Marcello Mastroianni

30–31
Madeleine LeBeau
—
Marcello Mastroianni

32–33
Sandra Milo

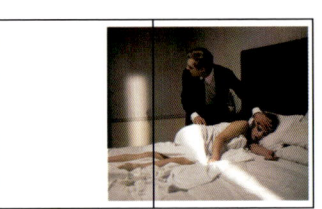

34–45
Marcello Mastroianni, Sandra Milo

106

36–37
Yvonne Casadei

38–39
Barbara Steele, Nadine Sanders
—
Rossella Falk

40–41
Edra Gale, Barbara Steele, Nadine Sanders, Edy Vessel (?), Madeleine LeBeau, Anouk Aimée
—
Yvonne Casadei, Marcello Mastroianni, Sandra Milo, Madeleine LeBeau, Nadine Sanders

42–43
Riccardo Guglielmi, Maria Raimondi (?)

44–45
Marcello Mastroianni

46–47
Madeleine LeBeau

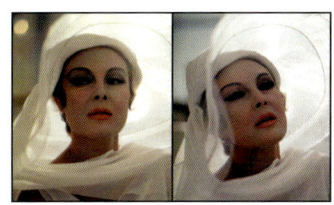

48–49
Caterina Boratto

50–51
Madeleine LeBeau
—
Barbara Steele

52–53
Marcello Mastroianni
—
Barbara Steele

54–55
Sandra Milo
—
Rossella Falk

56–57
Claudia Cardinale
—
Marcello Mastroianni

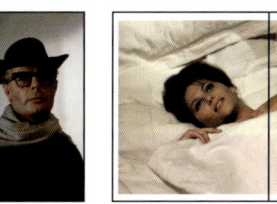

58–59
Claudia Cardinale

60–61
Anouk Aimée

62–63
Marcello Mastroianni
—
Anouk Aimée

64–65
Edra Gale

66–67
Marcello Mastroianni

68–69

70–71
Cesare Miceli Picardi, Marcello Mastroianni, Eugene Walter, Bruno Agostini
–
Marcello Mastroianni, Mario Conocchia, Bruno Agostini, Cesare Miceli Picardi, Guido Alberti, Mario Tarchetti

72–73
Cesare Miceli Picardi, Marcello Mastroianni, Eugene Walter, Bruno Agostini
–
Marcello Mastroianni

74–75

76–77

78–79
Marcello Mastroianni

80–81
Anouk Aimée

82–83
Claudia Cardinale

84–85

86–87
Ian Dallas

88–89

90–91
Tito Masini, Marcello Mastroianni

92–93

94–95

96–97

98–99

100–101

102–103
Marcello Mastroianni

GÉNÉRIQUE

Réalisateur
Federico Fellini

Producteur
Angelo Rizzoli

Sujet
Federico Fellini
Ennio Flaiano

Scénario
Federico Fellini
Tullio Pinelli
Ennio Flaiano
Brunello Rondi

Décors et costumes
Piero Gherardi

avec
Marcello Mastroianni	Guido Anselmi
Anouk Aimée	Luisa, la femme de Guido
Sandra Milo	Carla, la maîtresse de Guido
Claudia Cardinale	Claudia, actrice et muse
Rossella Falk	Rossella, l'amie de Luisa
Madeleine LeBeau	l'actrice française
Edra Gale	la Saraghina
Caterina Boratto	la belle inconnue de l'hôtel
Jean Rougeul	Daumier, l'écrivain
Mario Pisu	Mario Mezzabotta, le vieil ami de Guido
Barbara Steele	la petite amie de Mezzabotta
Guido Alberti	Pace, le producteur
Mario Conocchia	Conocchia, le directeur de production
Bruno Agostini	Agostini, 1er secrétaire de production
Cesare Miceli Picardi	Cesarino, 2ème secrétaire de production
Ian Dallas	Maurice, le télépathe
Giuditta Rissone	la mère de Guido

Federico Fellini
8 ½
1963
noir/blanc
114 minutes

« Je n'ai vraiment rien à dire, mais je veux le dire quand même. »
Guido Anselmi

Annibale Ninchi	le père de Guido
Riccardo Guglielmi	Guido enfant
Marco Gemini	Guido collégien
Yvonne Casadei	Jacqueline Bonbon, danseuse de cabaret
Nadine Sanders	l'hôtesse de l'air dans la scène du harem
Edy Vessel	femme costumée dans la scène du harem
Tito Masini	le cardinal
Georgia Simmons	la grand-mère de Guido
Annie Gorassini	la petite amie de Pace
Eugene Walter	le journaliste américain
Gilda Dahlberg	la femme du journaliste
Mario Tarchetti	l'attaché de presse de Claudia
Mino Doro	l'agent de Claudia
Rossella Como	Tilde, amie de Luisa
Mark Herron	Enrico, l'admirateur timide de Luisa
Marisa Colomber	une tante de Guido
Maria Raimondi	une tante de Guido
Neil Robinson	l'agent de l'actrice française
Elisabetta Catalano	la sœur de Luisa
Hazel Rogers	la danseuse noire dans la scène du harem
Mary Indovino	Maya, voyante, partenaire de Maurice
Frazier Rippy	le secrétaire du cardinal
Roberto Nicolosi	le médecin de Guido

<u>Les photographies</u>

Les photographies ont toutes pour auteur Paul Ronald, photographe de plateau pour *8 ½*. Alors que le film et les photographies officielles étaient en noir et blanc, Paul Ronald a réalisé des photographies en couleur de sa propre initiative, lors du tournage qui a eu lieu entre le 8 mai et le 14 octobre 1962.
Ces images sont restées pendant des années à l'état de diapositives.

Le sujet principal de *8 ½* est le projet de film que Guido Anselmi, réalisateur incarné par Marcello Mastroianni, tente de mener à bien. En cure dans une station thermale, le réalisateur, fatigué et déprimé, est en proie aux doutes et à la confusion. Autour de lui, les acteurs réclament leurs dialogues, les journalistes s'évertuent à poser des questions, la production s'inquiète. Une maîtresse écervelée, une épouse amère, un écrivain critique, une muse évanescente, des amis interrogateurs et des prêtres dubitatifs complètent le tableau. Du film en projet, on ne connaîtra que le décor, un gigantesque aéronef édifié à grands frais par le producteur. *8 ½* passe sans cesse de la réalité au rêve, du souvenir au fantasme et à la fiction, de la même manière que Guido Anselmi, en veine d'inspiration, semble se perdre petit à petit dans les méandres de son âme. Ainsi se mélangent les figures de l'enfance, les femmes réelles et fantasmées, les religieux et les acteurs.
En fin de compte, harcelé par une meute de journalistes aux questions superficielles et agressives lors d'une conférence de presse, il déclare forfait, et abandonne son projet.
Cette décision sera suivie d'une renaissance de sa créativité, qui donne lieu à la scène finale du film où le réalisateur, reprenant possession de son porte-voix, organise une grande parade rassemblant en musique les personnages réels et fictifs, passés et présents, qui constituent sa vie.

Caroline Recher

Les couleurs de Federico Fellini Interview de Paul Ronald par Antonio Maraldi

Antonio Maraldi
Votre première collaboration avec Federico Fellini remonte aux *Tentations du docteur Antonio*, un des sketches de *Boccace 70*. Aviez-vous déjà rencontré le réalisateur riminais ?

Paul Ronald
Je connaissais Fellini de réputation, mais je ne l'avais jamais rencontré. J'étais le photographe attitré de Luchino Visconti et à cette époque à Rome, les grands réalisateurs travaillaient presque toujours avec les mêmes personnes : c'étaient des petits clans d'amis, de gens qui se fréquentaient ou avaient les mêmes habitudes. Mon premier contact avec Fellini a eu lieu, indirectement, grâce à Visconti. Je travaillais avec Luchino sur le plateau d'un autre sketch de *Boccace 70* : *Le Travail*. Le film était produit par Carlo Ponti qui m'avait demandé de suivre également le travail de Fellini. Je savais que le photographe de Fellini, à l'époque, était Pierluigi, avec qui j'entretenais d'excellents rapports. Mais il travaillait aussi sur l'autre sketch, *La Loterie*, de De Sica, avec Sophia Loren dont il était le photographe attitré et qu'il suivait par conséquent sur tous les tournages.

AM
Comment s'est passée votre collaboration avec Fellini ?

PR
Très bien. Dès le début, Fellini a été charmant avec moi. Curieusement, c'est lui qui est venu vers moi. Il y avait une atmosphère très joyeuse sur le plateau. Et puis il s'est montré très disponible, il s'est prêté très facilement au jeu des photos, comme sur ce cliché à double sens, accoudé à une fenêtre, dans le quartier de l'EUR[1].

AM
Et avec Anita Ekberg, qui sortait à peine de l'incroyable succès de *La Dolce vita* ?

PR
Tout s'est très bien passé avec elle aussi. L'onde de choc provoquée par le film s'était un peu calmée. Elle n'était plus « la plantureuse Anita », même si le personnage qu'elle jouait dans le sketch rappelait celui qu'elle avait incarné deux ans auparavant. Nous nous sommes liés d'amitié. Des années plus tard, j'ai été plusieurs fois invité à dîner chez elle.

AM
On a retrouvé des tirages en couleur du tournage des *Tentations du docteur Antonio*. Avez-vous fait beaucoup de photos en couleur ?

PR
Franchement, je ne m'en souviens pas. J'en ai fait quelques-unes, mais c'était exceptionnel.

AM
Après *Boccace 70*, vous avez à nouveau travaillé avec Fellini sur *8 ½*. Est-ce lui qui vous a sollicité ?

PR
Oui, c'est lui qui a voulu que je travaille avec lui. Un jour—la fin du tournage des *Tentations du docteur Antonio* était proche—que nous devions aller à l'EUR, Fellini a refusé de monter dans la voiture de la production. « Moi, je fais le trajet avec Paul » a-t-il dit, et il est monté dans ma petite Fiat 500. En chemin, il m'a avoué : « Je dois tourner un film important et j'aimerais que tu y participes. Je t'ai vu au travail : tu ne t'agites pas dans tous les sens, tu ne fous pas le bordel, tu ne me tournes pas autour comme une mouche—un clin d'œil à Pierluigi, qui était gentiment envahissant—tes photos sont belles et tu n'emmerdes personne… » Flatté, je lui ai répondu : « Vous savez (je ne le tutoyais pas encore à l'époque), je me suis engagé avec Visconti—le tournage du *Guépard*, dont je devais faire les repérages, était imminent—mais si le tournage est reporté, j'accepte très volontiers. » Après *Boccace 70*, j'ai rompu avec Visconti à cause de plusieurs photos de Claudia Cardinale que j'avais faites sans son autorisation pour une commande de l'hebdomadaire Epoca. Je n'avais aucune envie de demander du travail aux producteurs. Un jour, Nello Meniconi, le directeur de la production de Fellini, m'a téléphoné : « Ne quitte pas, je te passe Federico. » Et Fellini, sur le ton de la plaisanterie, m'a dit : « Qu'est-ce que tu veux que je fasse ? Que je vienne avec des Oscars entre les mains pour t'implorer de travailler sur mon film ? » « J'arrive tout de suite », lui ai-je répondu. J'ai filé via della Croce, où se trouvait son bureau, et j'ai signé mon contrat, devant lui et le directeur de la production, sans même savoir combien je gagnerais. Financièrement, j'ai été plutôt bien traité. C'est comme ça que je me suis retrouvé dans l'aventure de *8 ½*.

AM
Avez-vous également participé à la préparation du film ?
PR
Quand j'ai signé mon contrat, le travail était déjà bien avancé. Je n'ai pas participé aux repérages ni aux bouts d'essai. Le seul bout d'essai que j'ai fait, c'est avec une fille que le producteur Angelo Rizzoli avait repérée pour un rôle qui a finalement été attribué à Claudia Cardinale.
Le tournage avait déjà commencé. Je suis allé à San Remo et j'ai rejoint Rizzoli, qui logeait alors dans un hôtel très luxueux. Il m'attendait avec une bouteille de champagne : Rizzoli savait recevoir et s'occuper des gens. Je ne l'avais jamais rencontré mais, très rapidement, nous nous sommes bien entendus. On s'est promené dans le parc de l'hôtel et Rizzoli m'a demandé de prendre en photo une fille qui était employée comme coiffeuse à l'hôtel. À cette époque, l'hôtel était essentiellement fréquenté par des gens riches qui avaient largement dépassé la soixantaine, et il avait remarqué cette fille qu'il trouvait très belle. Moi, je la trouvais sympathique, mais elle n'avait rien de particulier. Rizzoli m'avait dit, avec beaucoup de tact : « Il faut la prendre en photo, mais pas ici, c'est son lieu de travail, et je ne voudrais pas qu'elle ait des problèmes. » J'ai emmené la fille à Bordighera. Une fois les photos faites, je suis retourné à l'hôtel et j'ai salué Rizzoli qui m'a donné un jeton de 100 000 lires et m'a dit : « Allez vous amuser au Casino. » J'ai changé le jeton et j'ai gardé l'argent (le salaire de base à l'époque était de 60 000 lires la semaine). De retour à Rome, j'ai montré les photos à Fellini, mais il avait déjà choisi Claudia Cardinale, une actrice que je connaissais très bien, comme Marcello Mastroianni.
Mastroianni et moi étions amis. Il me disait que j'étais le seul à faire des photos qui lui ressemblaient, où il était beau sans être banal. Nous nous étions rencontrés en 1948. A l'époque, il était très jeune et jouait avec Gassman dans la mise en scène d'Oreste de Visconti. J'avais fait des photos couleurs de format 9×12, avec un temps depose de plus d'une minute. Nous nous sommes retrouvés ensuite sur pas mal de tournages, dont *La Chance d'être femme* de Blasetti et *Macaroni* de Scola. La dernière fois que je l'ai vu, c'était en 1989. Je travaillais sur *La Putain du roi* d'Axel Corti. Huguette, ma femme, était déjà malade et restait à Hyères, sur la Côte d'Azur, où je la retrouvais chaque samedi. Un dimanche, dans le hall d'un hôtel de Turin où je venais d'arriver, vers deux ou trois heures du matin, je rencontre Mastroianni déjà maquillé (je ne me souviens pas pour quel film). En plaisantant, je lui dis : « Oh la vache, Marcello, qu'est-ce que t'as vieilli ! » Et lui, en riant, qui me répond : « Eh, Paul, va te faire… »

AM
Par rapport à Visconti, quelle était la manière de travailler de Fellini?

PR
Visconti exigeait une discipline et un silence absolus. Fellini, lui, aimait la confusion. Sur le plateau, l'ambiance était assez chaotique et drôle. Un jour, il a même secoué les régisseurs et les machinos: «Mais qu'est-ce que vous avez aujourd'hui? Vous êtes sinistres, on ne vous entend pas! Allez, un peu de bordel!» Pour ce genre de film, il avait besoin d'une atmosphère festive, mais il pouvait avoir une attitude différente sur d'autres tournages. En tout cas, pour *8 ½*, il était comme ça. Naturellement, il y avait des moments où il avait besoin de la plus grande concentration possible et l'équipe comprenait d'elle-même qu'il ne fallait pas dire un mot. Tout le monde avait une grande admiration pour Fellini : il n'avait pas besoin de donner d'ordres. Contrairement à Visconti, Federico ne prêtait pas une grande attention aux photos. Bien sûr, il aimait les voir, mais il ne s'y attardait pas particulièrement. Le comte, lui, les regardait scrupuleusement, et exigeait des séries imprimées au format 30×40. Fellini, d'ailleurs, ne faisait pas beaucoup de prises. Il faisait quelques essais, mais il ne répétait jamais beaucoup les scènes parce qu'il passait du temps avec les acteurs pour leur montrer comment ils devaient bouger. Peu de gestes, mais très éloquents. Certains d'entre eux n'étaient pas des professionnels, et lorsque Fellini voyait qu'ils avaient du mal à apprendre leur rôle, il leur faisait réciter des chiffres pour gagner du temps. Et il intervenait au moment du doublage. Il avait fait cela avec une actrice américaine, dont je ne me souviens pas du nom, pour savoir quel rôle lui donner (probablement le rôle de Madeleine LeBeau). Un jour, au lieu de lui faire lire le scénario, il lui a simplement demandé de répéter des chiffres. Elle était stupéfaite et n'a pas tardé à prendre la poudre d'escampette. Elle était terriblement vexée.

AM
Et avec les autres actrices du film, avez-vous eu des problèmes?

PR
Non. Elles ont toutes été très professionnelles. Pas une n'a fait un caprice pour une photo, ni demandé des photos particulières. Je faisais mes photos pendant le tournage ou les pauses, tranquillement. Claudia Cardinale était une amie. Avec «Sandrocchia»—le surnom de Sandra Milo—j'ai eu des rapports cordiaux, qui se sont limités

au domaine professionnel. En revanche, je n'ai guère eu de contacts avec Anouk Aimée, une femme courtoise mais un peu distante.

J'ai connu Caterina Boratto pendant le tournage et nous nous sommes liés d'amitié. Je la trouvais très belle, et elle nous a invités plusieurs fois à dîner, ma femme et moi. J'avais aussi sympathisé—toujours sur le plan professionnel—avec Rossella Falk. Nous sommes restés en contact pendant longtemps. Nous nous écrivions et j'ai même gardé les cartes postales qu'elle m'a envoyées de Russie pendant sa tournée théâtrale. Sur le plateau, il y avait aussi la française Madeleine LeBeau, une femme très vivante, la seule qui insistait pour qu'on la prenne en photo. Tullio Pinelli était tombé fou amoureux d'elle, et j'ai appris plus tard qu'ils s'étaient mariés… C'était Edra Gale, une soprano australienne, qui interprétait «la Saraghina». Elle était venue à Rome pour perfectionner son apprentissage musical. Nous sommes devenus très amis, et elle aussi est souvent venue dîner à la maison. Je me souviens qu'elle nous avait offert un poivrier que j'utilise encore aujourd'hui! Elle avait atterri sur le tournage parce qu'elle était fascinée par Fellini, aussi attirant à l'époque que la lumière pour les papillons de nuit. Vu son visage et son physique, Fellini n'a pas hésité longtemps avant de l'embaucher. Il y avait une foule d'aspirants acteurs et actrices qui gravitaient autour de lui. Il promettait toujours un rôle par-ci par-là… Il avait même promis un rôle à une jeune actrice anglaise que je connaissais bien. Je l'avais prévenue: «N'attends rien. Fellini est un grand menteur. Non pas qu'il soit méchant, il est comme ça… Il fait des promesses qu'il est incapable de tenir.» Et c'est ce qui s'est passé! Fellini avait des tas d'idées: à ce propos, je me souviens d'un épisode amusant. Le tournage touchait à sa fin et nous devions tourner une scène avec un hélicoptère. Fellini voulait quitter le plateau pour rejoindre une fille à qui il avait donné rendez-vous dans un restaurant de la via Cristoforo Colombo. Pour le retenir, Nello Meniconi, le directeur de production, lui avait promis de l'emmener au restaurant en hélicoptère… L'idée n'était pas pour déplaire à Fellini et, une fois la scène tournée, il s'est vraiment envolé! Le lendemain, lorsqu'il est arrivé sur le plateau, nous nous sommes approchés de lui—nous formions un cercle restreint de collaborateurs—pour lui demander comment s'était passé son rendez-vous avec la fille. Et lui, tout fier, nous a dit: «Quand elle m'a vu arriver en hélicoptère, elle a immédiatement enlevé sa culotte!» On a tous éclaté de rire. Lui aussi riait en nous décrivant la scène en détail. Qui sait si ça s'est vraiment passé comme ça? Personne n'a jamais vu cette fille et peut-être qu'elle n'a jamais existé. Fellini était capable d'avoir tout inventé. Cela aussi faisait partie de son charme. Toujours à propos des acteurs, Fellini a eu la drôle d'idée de donner le rôle des prêtres à des actrices non professionnelles pour les scènes de l'école. Pour le tournage, il avait préféré ma Fiat 500 au chariot: le toit ouvert pour laisser passer la caméra, la voiture en roue libre, et les machinos qui poussaient… Économique et efficace. Pendant une semaine, on a utilisé ma voiture. Chaque soir, je devenais dingue à l'idée de la nettoyer et de la débarrasser des cales et des battants. Dans la séquence de l'école, il y avait des scènes censées se passer au confessionnal. Un jour, Fellini m'a dit: «Allez Paolè — il avait vite adopté ce diminutif avec moi — on va à Saint-Pierre pour photographier les confessionnaux en cachette.» On a marché le long des allées extérieures et moi j'ai pris discrètement des photos. C'était presque un jeu. Étant donné les relations que Fellini entretenait à l'époque avec certains milieux du Vatican, il n'aurait eu aucun mal à obtenir une autorisation. Mais il préférait ces petits frissons d'interdit.

AM
Pendant le tournage, parallèlement au noir et blanc, vous avez aussi réalisé des photographies en couleur. Était-ce un choix personnel?

PR
Oui. Le film étant en noir et blanc, la production ne voyait aucun intérêt à avoir des clichés en couleur. C'est moi qui ai décidé de travailler en couleur, avec un film diapositive au format 6×6. La plupart des photos que j'ai faites sont passées pratiquement inaperçues, puis elles ont été achetées à un bon prix par un éditeur suisse qui, à l'époque, m'avait fait une demande écrite avec un contrat à la clé. Je les lui avais cédées puisque de toute façon, à Rome, elles n'intéressaient personne. Piero Servo en a récupéré quelques-unes, mais la majeure partie a disparu de la circulation.

AM
Pendant le tournage, vous passiez donc d'un appareil à l'autre, selon que vous choisissiez le noir et blanc ou la couleur?

PR
Oui, j'avais toujours deux appareils à portée de main. Un noir et blanc pour la production et un couleur pour moi. J'avais parlé, au début du tournage, de mon choix à Gherardi, le décorateur, qui m'a tout de suite approuvé. Il est vrai que les décors et les costumes avaient des couleurs magnifiques.

AM
Quels appareils utilisiez-vous ?

PR
J'avais deux Hasselblad. J'ai également utilisé un Rolleiflex pour le noir et blanc. Le Hasselblad me permettait de changer les magasins à mi-parcours, de remplacer le film noir et blanc par une pellicule couleur, puis de repasser au noir et blanc. Avec le Rolleiflex, en revanche, si je commençais un film noir et blanc, j'étais obligé de le terminer. Le Hasselblad était un appareil formidable : on pouvait faire du format 6×6 cm ou du 4,5×6 cm, le format du cinéma, et obtenir seize photos au lieu de douze. Les photographes d'aujourd'hui, habitués au numérique, ne se rendent pas compte qu'avec ces appareils on avait peu de clichés à disposition et qu'il fallait changer la pellicule…
C'est aussi pour cela que je faisais toujours attention à ne pas la gâcher.

AM
Ce qui explique que parmi les photos format 6×6 cm, il y a également des photos de format rectangulaire ?

PR
Oui, j'avais une paire de magasins pour le Hasselblad — ils coûtaient très cher à l'époque — qui me permettaient de réaliser les deux formats.

AM
J'ai remarqué que de nombreux portraits étaient en couleur.

PR
En effet, j'ai beaucoup utilisé la couleur pour les portraits. Comme je l'ai dit, ces portraits ont toujours été pris pendant le tournage, jamais en studio. D'abord parce que je n'avais pas le temps de travailler en studio, et puis je n'aimais pas tellement ce type de photos.

AM
Parmi toutes les photos, celle de Mastroianni avec les pieds sur la table est vraiment extraordinaire.

PR
C'était au bar des thermes. Il faisait une pause. Je l'avais remarqué et je lui avais demandé de mettre ses pieds sur la table. Il m'a obéi et, pendant que je le prenais en photo, il s'est tourné vers moi avec ce regard ironique qui n'appartenait qu'à lui.

AM
Fellini a-t-il vu ces photographies en couleur?

PR
Il en a vu quelques-unes. Comme à l'époque c'étaient des diapositives, ce n'était pas très pratique pour les lui montrer. Je les avais rassemblées et mises sous des feuilles plastiques pour pouvoir les regarder à contre-jour. Federico a jeté un coup d'œil et a dit: «Elles sont belles, vraiment belles! Bravo Paolè!» Et ça s'est arrêté là.

AM
En comparant les deux genres, aucune des photos en couleur ne me semble être une pâle copie des photos en noir et blanc.

PR
Je n'ai jamais répété la même photo. Je changeais toujours d'angle. La photo couleur implique en outre de tenir compte des éléments chromatiques. Par exemple, un fond violet deviendra gris avec le noir et blanc, tandis qu'il prend un autre relief avec la couleur.

AM
Où faisiez-vous développer vos photos? Faisiez-vous appel au même laboratoire pour le noir et blanc et la couleur?

PR
Je ne m'en souviens pas. J'étais toute la journée sur le plateau: le soir je n'avais pas très envie de m'enfermer dans une chambre noire. Et puis la couleur demandait un traitement particulier. Je travaillais avec un laboratoire romain, au début de la Via Po, tenu par un monsieur distingué et chétif dont j'ai oublié le nom.

AM
Vous réserviez vos photos en couleur à la presse?

PR
Oui, j'en ai vendu quelques-unes à la presse, mais pas beaucoup. Personne ne s'est battu pour les avoir. J'ai vendu beaucoup plus de tirages en noir et blanc.

AM
Pourquoi votre nom n'apparaît-il pas dans le générique du film, ni au début ni à la fin?

PR
Mon nom n'apparaît pas, en effet, mais c'était souvent le cas à l'époque. Cela ne m'intéressait pas particulièrement de jouer les vedettes, pour des raisons fiscales notamment. Je ne déclarais pas toutes mes photos ; je préférais donc que mon nom n'apparaisse pas dans les crédits. Cela explique que, dans de nombreux films, le nom du photographe de plateau ne soit pas mentionné. Et à ce moment-là, tous les films avaient leur propre photographe de plateau. En tant que photographe officiel, j'ai suivi toute la progression du film. J'étais toujours sur le tournage, même quand je ne prenais pas de photos. J'étais dans mon coin, je n'embêtais personne. Fellini le savait, et il savait aussi que je suivrais tout ce qu'il faisait. Il ne m'a jamais demandé d'interventions particulières. Il me faisait confiance. De temps en temps, le photographe Tazio Secchiaroli débarquait. Il n'aimait pas le plateau et les longues pauses, que nous meublions souvent en discutant. Puis quand il y avait des photos à faire, il y allait, et il a toujours fait de belles photos. Déjà à l'époque, Tazio était hanté par la mort. N'étant pas payé par la production, il avait passé des accords avec certains journaux auxquels il vendait des tirages avec l'assentiment de Fellini. Moi aussi, pour *8 ½*, j'ai eu cette possibilité, et de temps en temps je fournissais les hebdomadaires. J'en ai beaucoup vendu. Gideon Bachman, un journaliste accessoirement photographe, a suivi plusieurs scènes du film. Mais Bachman était moins indépendant que Tazio, et il suivait la plupart de mes initiatives. Puisque l'on parle de photographes, Elisabetta Catalano, qui jouait le rôle de la sœur d'Anouk Aimée, a eu après le film une belle carrière de photographe.

AM
Curieusement, et surtout par la suite, ce sont principalement les photos de Secchiaroli qui ont circulé, tandis que les vôtres ont quasiment disparu. Que s'est-il passé ?

PR
Beaucoup de mes photos en noir et blanc ont été détruites. C'est à cause d'une sévère engueulade avec le bureau de presse de Rizzoli. Je n'ai jamais eu un bon rapport avec eux : ils me pressaient toujours de demandes urgentes à la dernière minute : « Vite, nous avons immédiatement besoin de telle ou telle photo… » Je sortais à toute hâte de chez moi, via del Vignola, courais au labo pour les faire tirer et les leur apportais à toute allure à leurs bureaux, près de l'Excelsior. Là où ça s'est gâté, c'est que, malgré le caractère pressant

de ces demandes, je ne recevais aucun paiement en conséquence. On avait convenu d'un forfait par photo, et quand je les livrais, ils arrondissaient toujours la facture, naturellement à leur avantage. Lorsque j'ai signé le contrat, nous avions fixé 120 lires pour le format 18×24. Et puis, après un an, étant donné que le montant des dépenses avait augmenté, j'avais demandé 130 lires par tirage. Voici ce qu'ils m'ont répondu chez Rizzoli : «On a trouvé un labo qui nous les fait pour 100 lires…» Exaspéré, je leur ai dit : «Alors donnez-les lui!» J'ai apporté la plupart de mes négatifs à la production et je les ai balancés sur la table. La production les a apportés à Pesce, un vieux labo en sous-sol près de la Piazza Vittorio. Peu après, le labo s'est agrandi et les négatifs ont disparu. C'est une des raisons pour lesquelles mes photos en noir et blanc de *8 ½* sont passées inaperçues. Bien sûr, j'en avais gardé quelques-unes et le bureau de presse de Rizzoli était revenu vers moi pour me demander s'il m'en restait quelques exemplaires. Je leur ai répondu qu'ils avaient eu les meilleures et qu'il ne me restait plus rien. Ça a été ma petite vengeance. J'ai remis quelques tirages en circulation plus tard. Mais les tirages de premier choix avaient été détruits. Les premiers choix étaient les photos que je trouvais les plus intéressantes; les deuxièmes et les troisièmes, je les gardais en réserve. Il ne s'agissait pas de «rebuts», mais de tirages qui me plaisaient moins.

AM
Les photos prises pendant la scène du train, qui a finalement été coupée, ont-elles aussi été perdues ?

PR
Oui, la majeure partie. La séquence du train, avec les acteurs vêtus de blanc, a été tournée dans un dépôt de trains des Chemins de fer italiens. De mon point de vue, la scène n'était pas particulièrement intéressante. Dans un wagon, la marge de manœuvre est assez limitée pour un photographe et les personnages sont figés. Je n'ai pas pris beaucoup de photos de cette scène. Là aussi, lorsque je photographiais les acteurs, j'étais particulièrement attentif à l'arrière-plan. C'était très important pour moi. J'ai toujours essayé de faire des photos en m'assurant que mon modèle du moment soit intégré à un cadre équilibré et harmonieux. Par exemple, je n'aimais pas voir une lampe derrière l'oreille de Claudia Cardinale ou de Caterina Boratto…

AM
Pour le film, vous dites avoir fait des agrandissements.

PR
Oui, j'ai fait des agrandissements que Fellini a utilisés. Les premiers, c'étaient des tirages de la scène de l'embouteillage dans le passage sous-voie sur laquelle s'ouvre le film. J'avais eu cette idée et Piero Gherardi—personnage formidable et créateur de génie, il suffit de penser aux costumes extraordinaires réalisés pour Barbara Steele qui annonçaient déjà ceux que dessinera quelques années plus tard Mary Quant à Londres—m'a beaucoup soutenu. L'idée était de mettre des photos de voiture en toile de fond. Un 15 août, nous sommes allés, avec ma femme Huguette, dans le tunnel désert du Lungotevere Mellini pour prendre des photos. Postée à l'entrée du tunnel et armée d'un sifflet, Huguette me prévenait dès qu'une voiture arrivait. Une autre fois, via della Conciliazione, j'ai photographié toute une série de voitures, toutes marques confondues, avec mon Rolleiflex. Puis j'ai fait une première maquette d'une longueur d'un mètre, où j'ai assemblé le tunnel et les voitures, je l'ai montrée à Fellini qui m'a dit: «Bien, bien… Il suffit d'agrandir.» Mais j'avais une autre idée, et Gherardi m'a aidé à la développer, contre l'avis de Fracassi, le régisseur général. «Laissez-le faire, vous verrez, son travail va vous étonner!» disait Pietro. Après avoir définitivement convaincu Fellini, j'ai repris en photo les voitures, les autobus, en commandant des tirages à part et en rapport avec l'échelle que j'avais adoptée. Une fois détourés et découpés, je les ai fait coller sur du papier compensé et mis sur une toile de fond vide et gigantesque (10 mètres de longueur et 9 de hauteur), en ajoutant du cellophane transparent sur les pare-brise. Cela fonctionnait à merveille. Fellini était ravi: il s'amusait à déplacer les voitures, comme des miniatures… Tout cela se passait à la Scalera[2], via Tuscolana. Dans la séquence d'ouverture du film, lorsque Marcello sort de sa voiture, l'embouteillage que l'on voit derrière lui est principalement composé des voitures que j'avais prises en photo.
L'autre agrandissement concernait la façade extérieure du casino, que l'on a intégré au décor des thermes, reconstruites dans le quartier de Cecchignola. Sur les conseils de Gherardi, j'avais photographié le casino d'Anzio. Cette photo, prise avec un Linhof 9 × 12, avait été agrandie sur une base d'un format de 30 mètres. Composer la toile de fond était très avantageux d'un point de vue financier. Je ne suis pas intervenu, en revanche, sur ce qui est devenu la scène finale, qui a été tournée à Fiumicino. Le squelette du grand vaisseau spatial avait été construit au fond de l'aéroport. Je m'étonne encore qu'il ne soit rien arrivé. C'était un édifice très haut, et qui pouvait être dangereux pour les avions. J'ai adoré photographier cette scène. Federico m'avait

suggéré de profiter de la situation et de me mêler aux faux photographes et aux cameramen présents à la conférence de presse. Huguette était là, et nous nous sommes bien amusés. J'apparais probablement sur l'un des photogrammes.

AM
Quels ont été vos rapports avec Gianni Di Venanzo, le directeur de la photographie ?

PR
Excellents. Au-delà de son caractère angoissé et querelleur, Di Venanzo était un très bon directeur de la photo, capable de créer une lumière parfaite avec très peu de moyens. Il lui suffisait d'un seul éclairage alors qu'il en fallait quatre à d'autres. Il a fait des trucs géniaux, comme dans *Le Pigeon*. Nous avions des rapports d'amitié. Je l'avais connu en Sicile sur le tournage de *La Terre tremble*. J'étais photographe de plateau et lui cadreur. Sur le tournage de *8 ½*, nous échangions de temps en temps quelques idées d'ordre professionnel, même si chacun s'occupait de son propre domaine. Je lui ai offert un Norwood, par amitié, le meilleur posemètre qui existait à l'époque. Malheureusement, Di Venanzo est mort jeune. Entre nous, il n'y a jamais eu de problème, comme avec Fellini, mais au contraire une estime profonde et réciproque. Fellini était attentif à ses suggestions même si, derrière son apparente désorganisation, il savait exactement ce qu'il voulait. Je le soupçonne d'avoir régulièrement fait semblant d'improviser tout en ayant une idée très précise de ce qu'il voulait obtenir…

AM
Di Venanzo a-t-il vu vos photographies en couleur ?

PR
Gianni en a vu énormément et il les a beaucoup appréciées. De tous les membres de la troupe, lui et Gherardi étaient ceux à qui je les montrais systématiquement.

AM
Malgré cette expérience positive, vous n'avez plus travaillé avec Fellini. Pourquoi ?

PR
Si je n'ai plus fait de films avec lui, c'est parce que l'occasion ne s'est

pas représentée. Le temps passait vite. Je n'arrêtais pas de travailler, car il fallait bien manger… Fellini a continué à m'appeler, mais ses délais étaient toujours flous. On ne savait jamais quand commencerait le tournage. Il m'a même sollicité pour *La Voce della luna*. Si j'avais su que c'était son dernier film, j'aurais travaillé gratis. Mais j'ai refusé car le tournage avait lieu dans les studios de Dino de Laurentis où j'avais travaillé sur *La Bible*. Cela m'avait coûté cher: pour me rendre chaque jour aux studios, je m'étais ruiné en frais d'essence et je n'avais jamais été remboursé… Depuis lors, je m'étais juré que je ne travaillerais plus là-bas. Le directeur de production de Fellini avait insisté mais ma décision était irrévocable. C'est Mimmo Cattarinich qui a finalement suivi le tournage.

AM
Vous n'avez plus jamais revu Fellini?

PR
Au début des années quatre-vingt, nous nous croisions souvent. On se rencontrait par hasard dans le métro, que nous prenions chacun pour aller à Cinecittà. Une fois arrivé, il montait dans ses bureaux, studio numéro 2, et moi au studio numéro 5, où je suivais *La Traviata* de Zeffirelli. Quand nous nous retrouvions à Cinecittà, Fellini me prenait par le bras et me disait à l'oreille: «Allez Paolè, si on faisait semblant de se dire des choses très importantes…», pour attiser la curiosité de la cour qui l'attendait. C'était devenu un jeu entre nous, comme lorsque, avec ses acteurs, il énumérait des chiffres en donnant l'impression qu'il s'agissait de discours très sérieux. Je m'amusais beaucoup. Nous faisions un petit tour ensemble, et puis il me quittait en me disant: «Allez, retourne chez tes *traviati*[3]!» Un jour, il est venu rôder sur le tournage du film de Zeffirelli. Je l'ai salué et je lui ai dit de s'approcher: «Federico, viens dire bonjour à Franco.» Il m'a répondu: «Non, non, je veux faire comme les gosses de pauvres qui regardent en cachette… Je veux voir les riches!» Et il s'est planqué derrière un rideau. J'ai averti Zeffireli qui m'a demandé où il était. «Mais fais-le entrer!» m'a-t-il dit. «Il ne veut pas qu'on le voie», lui ai-je répondu. Fellini est resté quelques instants à regarder les répétitions. Puis il est parti, en silence.

---

1. Quartier construit en 1942 à l'occasion de l'Exposition universelle pour célébrer le vingtième anniversaire de la marche sur Rome. L'EUR est célèbre pour son style architectural typique de l'ère fasciste.

2. Célèbre studio de cinéma à Rome.

3. Jeu de mot sur *La Traviata* et le verbe «traviare» (détourner du bon chemin, dévoyer).

Anoukina bella! Interview d'Anouk Aimée par Sam Stourdzé

Sam Stourdzé
Cette histoire commence avec la redécouverte des photographies couleurs de *8 ½*.

Anouk Aimée
Ah oui, qui les a faites ?

SS
Paul Ronald. Il était l'un des photographes de plateau de Visconti. Fellini le débauche pour deux films, *8 ½* et juste avant *Les Tentations du docteur Antonio*.

AA
Oui ! Je me souviens des *Tentations du docteur Antonio* avec Anita [Ekberg] allongée sur une grande affiche publicitaire…
A l'époque, j'étais très souvent en contact avec Federico. Je lui parlais tout le temps, même quand je ne travaillais pas.

SS
Vous le connaissiez avant *La Dolce vita* ?

AA
Non, je ne le connaissais pas. Pas du tout. On m'avait dit que Fellini voulait me rencontrer. Mais comme il rencontrait la terre entière, toutes les femmes, tout le monde pour un rôle, partout, en Amérique, en Angleterre… j'y suis allée comme ça, mais je me disais : « De toute façon, ce doit être un macho… »
Fellini a vu ma photo, mon visage lui a plu, il l'a mise de côté, et il a dit : « Elle, je la voudrais ». On lui a répondu : « Oui, mais c'est une actrice. »
Il ne savait pas qui j'étais. Il croyait que j'étais modèle.
Moi, j'avais vu *La Strada*, ça n'était pas mon film préféré. Je suis arrivée comme ça, un peu blasée… Quand je suis entrée dans la pièce, dès qu'il m'a regardée [rires]… il avait des yeux… il s'est passé la même chose que quand j'ai vu Picasso pour la première fois. Des yeux qui perçaient et qui voyaient vraiment, qui voyaient ce qu'il y a de l'autre côté… Dès cet instant, j'étais séduite. Il m'a parlé, m'a expliqué le rôle de Maddalena. Il m'a demandé si je voulais le faire, et comme j'étais totalement sous le charme, j'ai dit oui. J'ai dit oui, rien que pour l'expérience de le rencontrer, d'être avec lui, d'être là.

SS
Dans quelle langue s'est passé cet échange ?

AA
En anglais. Fellini ne parlait pas bien français. Il m'a dit : «Vous voulez le faire ?», «You will do it ?» en anglais. Et voilà, je lui ai dit : «Oui.» Mais je savais que tout le monde voulait le faire, toutes les actrices. Il y en avait deux cents qui attendaient. Un peu plus tard, j'ai reçu un télégramme—il y avait des télégrammes à l'époque—me demandant de venir à Rome pour jouer le rôle.
Je suis venue. On ne m'a pas demandé de faire d'essais. Je me suis rendue directement sur le plateau. Magali [Noël] tournait déjà. Je me souviens, c'était la scène avec le père de Marcello dans le night club. A la fin de la journée, nous sommes allés dîner, Federico, Marcello et la compagne de Marcello à l'époque dans ce restaurant sur les hauteurs de Rome, logé dans une ancienne maison de la maîtresse de Mussolini. On a dîné sans jamais parler travail.
Mon premier jour de tournage, c'était la scène où je conduisais la Cadillac ! Et Federico criait : «A destra !» [à droite !], «Andiamo !» [Allez !] A ce moment-là, je ne savais plus ce que je faisais, je ne savais plus ce que je devais faire, je ne comprennais pas le personnage, et je ne savais pas quoi dire… Je ne comprenais plus rien ! Ce n'était pas possible. On n'arrivait pas à placer un mot… C'était une folie totale ! «Je ne peux pas, moi ! Je ne comprends rien.» Et là, Fellini a dû sentir tout ça. C'est un sorcier, vous savez. Il n'a rien dit, il m'a simplement proposé de venir déjeuner avec eux. J'y suis allée, et lorsque nous sommes revenus pour la scène suivante, je savais ce qu'il voulait, j'avais tout compris !
Je ne peux pas expliquer, c'est un magicien. Il dirigeait chaque personne d'une manière différente. Il cherche, c'est sa façon de travailler. Il cherche. Mais il sait aussi ce qu'il veut.

SS
Vous, les acteurs, vous pouviez l'aider dans cette recherche ?

AA
Non, il savait ce qu'il voulait. On était ses marionnettes. Un jour, Sandra [Milo] arrive, et elle marche comme dans le film. Fellini me dit alors : «Regarde, elle ne peut pas marcher normalement !» Je lui réponds : « Mais écoute, c'est toi qui lui a appris, c'est toi qui lui as dit de faire ça.» Fellini me regarde et me dit : «Oui, mais maintenant, le film est fini !»

Federico, il prenait tout de vous. Il fallait s'ouvrir à lui, mais garder un petit secret, parce que s'il sentait que vous aviez tout donné, ça ne l'intéressait plus.

Avec Marcello et moi, Fellini avait beaucoup d'affinités. Il n'avait pas besoin de nous raconter beaucoup de choses. Il nous disait simplement: «Faites ceci.» Fellini n'aimait pas tellement les acteurs qui se prennent au sérieux, qui pensent beaucoup. Ils lui faisaient un peu peur.

Je me souviens d'un jour où nous étions, Federico, Marcello et moi, dans un ascenseur. Marcello sort le premier et va à droite. Et Fellini de l'interpeller: «Mais pourquoi tu vas à droite!»

Marcello, c'était une merveille. Je me souviens d'une interview où il parle du dur métier d'acteur: «Mais enfin, c'est difficile, le matin, on vient vous chercher en limousine, vous arrivez au studio et on est aux petits soins: «Vous voulez un café, une cigarette, vous voulez ceci…? Et puis vous avez un fauteuil avec votre nom… C'est très difficile!» [Rire].

SS
Fellini avait-il un sens instinctif pour la direction d'acteur?

AA
Il y avait des gens à qui il expliquait tout, pendant des heures. Il y a des acteurs, il ne faut pas trop leur en dire, il y a en a d'autres, il faut tout leur expliquer, ils en ont besoin. Je me souviens du tournage de *8 ½*, dans l'une des scènes de la fin, avec l'orchestre. Il y a un violoniste joué par un assistant. Fellini lui criait dessus. Alors je lui demande: «Mais pourquoi tu lui cries après, le pauvre! Tout à l'heure il n'était encore que ton assistant, et maintenant tu l'engueules!» Et Fellini de répondre: «Ah, mais tu ne l'as jamais vu aussi heureux que maintenant!»

SS
Faisait-il régulièrement appel à des acteurs amateurs?

AA
Oui, souvent Fellini prenait des gens qui n'étaient pas des acteurs. Parfois, on le voyait qui gardait son calme. Il refaisait les prises et il lui arrivait même de dire: «De toute façon, je n'ai pas envie de tourner cette scène aujourd'hui, ça m'arrange, on la refera plus tard.» Il y arrivait toujours. Mais avec d'autres, dès la deuxième prise, il hurlait. Lorsque, pour la première fois, je l'ai vu crier sur quelqu'un—une fois, puis une seconde et une troisième—je me suis dit: «Ouh là, ça va mal!» Mais pas du tout, il avait raison. Il savait à coup sûr reconnaître ceux avec lesquels il fallait prendre son temps, et les autres, qu'il fallait brusquer.

SS
Avez-vous vu des acteurs malheureux sur le tournage, des acteurs qui n'arrivaient pas à comprendre ce que Fellini attendait d'eux, comme ce personnage de l'actrice française dans *8 ½* ?

AA
Non! Personne n'était malheureux, ça n'aurait pas été normal. Non! On était tous heureux, on s'adorait tous. Toutes les femmes s'aimaient. Oui, sur le tournage, toutes les femmes s'adoraient.

SS
On a l'impression que vous racontez la scène du harem de *8 ½*…

AA
Exactement. On s'adorait toutes. On était comme ça dans la vie, toujours prévenantes les unes envers les autres. «Ça va? Tu n'as besoin de rien?» C'était ça, on s'adorait toutes! Fellini, lui, était différent avec tout le monde. Parfois, des acteurs n'y arrivaient pas, ils étaient dans tous leurs états. Fellini les réconfortait: «Tutto va bene…» Il savait qu'à ce moment, un tel avait besoin d'être rassuré pour qu'il obtienne ce qu'il voulait de lui. Fellini avait un sens unique pour diriger les gens selon leur personnalité.

SS
Etait-ce vraiment si différent? Vous aviez déjà tourné avec les plus grands?

AA
Fellini était très intelligent. Il était passé par tous les métiers du cinéma, ce qui avait certainement dû l'aider. Mais c'était un génie, un génie doté d'un grand sens de l'humour! C'est avec lui, à ce moment-là, que j'ai commencé à aimer ce métier.
Avant, je le faisais comme ça… On m'avait abordée dans la rue pour me proposer de faire du cinéma. I took it for granted [je l'ai pris pour acquis] [Rire]. Et Dieu sait que j'ai eu la chance de tourner avec Carné, Duvivier, Becker… Pourtant c'est quand j'ai rencontré Fellini que j'ai commencé à aimer être actrice.
Avant, ce qui me gênait, c'est que l'on ne pouvait pas plaisanter. Si tu plaisantes, tu ne peux pas être bon. Car il faut le silence…
Les réalisateurs disent toujours: «Il y a eu un bruit, ça m'a gêné…»
On se prenait très au sérieux. Moi, je n'étais encore qu'une gosse,

j'avais quatorze ans quand j'ai commencé. Bien sûr, j'ai eu la chance de tourner avec des réalisateurs formidables. C'est même Prévert qui m'a trouvé mon nom!

SS
Racontez-nous…

AA
Mon prénom, je le dois à mon premier rôle. J'étais avec maman dans la rue, lorsque l'on m'a proposé de faire du cinéma. Maman a accepté et j'ai joué dans le film de Henri Calef, *La Maison sous la mer*. Le personnage s'appelait Anouk. Comme je n'étais encore qu'une enfant, tout le monde m'appelait «Anouk! Anouk!» J'ai gardé ce nom. Mon deuxième film n'a jamais été terminé, c'était *La Fleur de l'âge* de Marcel Carné, dont le scénario était co-signé par Jacques Prévert. Nous tournions à Belle-Île. Un jour, Prévert et Carné me disent que je ne peux pas m'appeler Anouk tout court. Dans le film, il y avait aussi Arletty que j'adorais. Alors je leur dis: «Mais elle, elle s'appelle bien Arletty.» [Rire]. Embarrassés, ils me répondent: «Tu comprends, quand tu auras quarante ans, ça sera un problème…» Mais quarante ans, pour moi, c'était la mort! Prévert a réfléchi: «Tu dois t'appeler Aimée. Anouk Aimée, avec deux A, comme ça.» Alors, j'ai gardé Aimée.

SS
Certains sont baptisés par leurs parents, vous, vous l'êtes par Prévert!

AA
J'ai eu une belle amitié avec Prévert, il a écrit des chansons pour Serge Reggiani et pour moi… J'ai donc commencé le cinéma très jeune. Et tout le monde était très sérieux… Avec Fellini, ça a changé, on riait, on plaisantait. J'ai appris à faire ce métier sérieusement, mais sans me prendre au sérieux! Avec lui, j'ai compris que ça pouvait être formidable d'être acteur. Avant, c'était différent. Là, on s'amusait. D'ailleurs, on s'est toujours amusé. Même après, quand je revenais le voir. Je me souviens du Studio 5 [à Cinecittà]. Fellini tournait *La Cité des femmes*. Le plateau était gigantesque. Il y avait la scène, j'arrivais de l'autre côté. Fellini m'a vue de loin. Nous nous sommes précipités l'un vers l'autre et au moment de se tomber dans les bras, il continue, il m'ignore! [Rire]. Le plateau entier est parti dans un éclat de rire général. On riait tant. Et quand il fallait travailler— parce qu'il fallait bien travailler—on ne se prenait jamais au sérieux. Vous savez que Fellini m'appelait le cyprès.

SS
Le cyprès ?

AA
Mon petit cyprès ! Et Anouk, c'était devenu Anoukina. Il m'appelait Anoukina bella ! Fellini aimait les petits noms. Marcello, c'était Marcellino et Sandra [Milo], c'était Sandrocchia ! Fellini nous appelait toujours par des diminutifs, il adorait ça…

SS
Vous avez tourné avec Fellini dans *La Dolce vita*, puis dans *8 ½*. *8 ½*, c'est le moment où Fellini bascule dans un cinéma beaucoup plus introspectif. L'avez-vous vu changer ?

AA
Non, c'était le même. Plus libre peut-être, après le succès de *La Dolce vita*, mais c'était le même. Vers la fin de sa vie, il a commencé à changer, à être différent. Il a commencé à être mal, mal dans sa peau, certainement parce qu'il avait du mal à monter ses films. Aussi parce qu'il aimait être aimé.
De temps en temps, Fellini parlait de son intérêt pour la psychanalyse. Ce n'était jamais trop sérieux. Tout était naturel avec lui. Il pouvait parler de Jung, de Freud, sans que ce soit lourd. Avec Fellini, on parlait de tout, sans que ce soit grave. J'ai vécu des moments formidables, quand je pense à nos déjeuners avec de grands intellectuels de passage. Il y avait souvent Moravia, Pasolini ou Flaiano… Tout ça était naturel, très simple, très agréable.

SS
On raconte que Fellini mentait beaucoup.

AA
Oh oui, Fellini mentait beaucoup ! Je me souviens d'un jour où j'étais dans son bureau, un peu angoissée par le tournage de *8 ½*. Je suis face à lui, il répond au téléphone tout en me disant : «Scusa !» [«Pardon !»] A la fin, il raccroche un peu énervé et me dit : «Quand je mens, tu le sais, toi ?» Je réponds «Oui !» «Eh bien alors, je ne mens pas. Ils disent que je mens. Mais si les gens que j'aime savent quand je mens, je ne mens pas !» [Rire].
Quand Federico arrivait, c'était une montagne qui arrivait ! Ce n'est pas qu'il était beau, il était superbe. Il était très grand, il avait une aura…

SS
Dans le rôle de Luisa, vous êtes éminemment moderne.

AA
Je crois que j'étais très féminine. C'est pour cette raison que Federico m'a utilisée aussi bien pour le personnage de Maddalena pour *La Dolce vita* que pour celui de Luisa dans *8 ½*.
Pour *8 ½*, Fellini m'a fait couper les cils. Parce qu'il trouvait qu'ils étaient trop jolis, trop longs! Et puis j'avais une superbe perruque avec des cheveux courts. D'ailleurs, à la sortie du film, des femmes venaient chez mon coiffeur et voulaient être coiffées comme Anouk!
Mais c'est Piero qui, pour le film, a rendu mon visage très moderne. J'aimais beaucoup Piero Gherardi, le décorateur du film. C'était une merveille, c'est lui qui m'a appris à me coiffer, à me maquiller, à m'habiller.
Fellini, lui, m'a appris à fumer, à marcher. Je ne bouge pas de la même manière dans *La Dolce vita* et dans *8 ½*.
Une partie du tournage de *8 ½* se faisait sur la plage de Frégène. Federico et Giulietta [Masina], sa femme, avaient une maison à côté. On finissait de tourner vers cinq heures du matin et on allait prendre le petit déjeuner chez Federico, avec Piero justement.

SS
Dans le film, il y a cette petite scène sublime où vous vous mettez à faire quelques pas de danse…

AA
Ça, c'est Giulietta.

SS
C'est vrai, il y a un côté Cabiria…

Dans *8 ½*, vous jouez Luisa, la femme du réalisateur en mal d'inspiration. Aujourd'hui, quand on revoit le film, les éléments biographiques sont troublants. A l'époque, savait-on que l'on jouait la vie de Fellini?

AA
Un jour Giulietta est venue sur le plateau. Moi, je ne tournais plus à ce moment-là. Et on m'appelle: «Le Maestro veut te voir!» «Mais j'ai fini!», «Non, non, il te veut sur le plateau!» Tous les assistants étaient en effervescence parce que Giulietta était là. Elle ne connaissait pas le

scénario. C'était la première fois qu'elle venait. On tournait la scène où Luisa découvre les essais, où il y a toutes ces femmes!
C'est la seule fois où j'ai vu Federico énervé. Il m'a dit: «Mais Giulietta est là, va lui dire bonjour!» Je la rejoins, je m'assieds à ses côtés…
Je m'entendais plutôt bien avec Giulietta. Peut-être parce que je n'ai jamais fait de charme à Federico. Je ne faisais pas partie de toutes ces femmes qui lui couraient après… D'ailleurs, Federico disait toujours à Marcello en parlant de moi: «C'est notre petite sœur de province…»
Dans cette scène, on comprend assez vite que Luisa, c'est elle.
Je suis donc assise à côté de Giulietta, et elle me pose des questions «Mais ça c'est quoi, et elle, c'est qui, c'est une maîtresse?»
Moi, je lui expliquais: «Elle est partie, c'est une Sicilienne, avec les plumes.» Et puis elle me demande: «Et toi alors?» «Moi, je ne suis pas là, mais je joue la femme du réalisateur…»
Et toutes les dix minutes, j'avais un des assistants de Fellini qui venait me voir et me demandait discrètement: «Le Maestro demande ce que dit Giulietta?» [Rire]. C'était étonnant parce qu'elle découvrait le film au moment même où, dans le film, Luisa découvre tout!

SS
Après *8 ½*, vos routes ne se croiseront plus?

AA
Fellini voulait que nous continuions à travailler ensemble. Il voulait même que je fasse un rôle comique. Il disait qu'il me trouvait drôle. «On va faire un film, je veux que tu sois drôle.» Il m'avait déjà raconté quelques scènes d'une femme très fatale qui fait tout de travers…
Federico, il avait une puissance. Lors d'un dîner chez Franco Rossi, j'avais rencontré Visconti. Mais Visconti, ce n'était pas la même chose. Il y avait deux gangs. Moi j'étais du gang Fellini!
Pour moi, le film qui a fait la différence, c'est *La Dolce vita*. C'est ma rencontre avec Federico. *Lola*[1], a été incroyable aussi. Mais *La Dolce vita* a eu un impact inimaginable, ça a été une bombe, en Europe, en Amérique, partout…
Oui, parce qu'entre *La Dolce vita* et *8 ½*, j'ai fait *Lola*. Qu'est-ce qu'ils ont pu me mettre en boîte avec la guêpière de *Lola*! «Dis-donc, montre-nous tes jambes, tourne-toi!» [Rire].

SS
Y avait-il une grande différence entre Rome et Paris?

AA
Rome était différente. Elle avait beaucoup d'élégance, beaucoup de charme. Il faut dire que je suis arrivée par la grande porte, j'ai vu Rome à travers les yeux de Federico. Il prenait de la place Federico, il n'y avait que lui! Quand on marchait dans la rue, les gens le reconnaissaient, les putains venaient lui dire bonjour. Je lui disais: «Mais tu la connais?», il répondait: «Mais oui bien sûr!» [Rire]. Comme dans la scène de *La Dolce vita* où je conduis la Cadillac. On est Piazza del Popolo quand on embarque une putain. C'était une vraie putain, et d'ailleurs le gars à moto, c'était vraiment son mac. Ensuite, on s'est rendu dans le quartier des prostituées. Elles interpellaient Mastroianni: «Attention Marcello! Tu vas te faire mal, elle est pleine d'os!» Parce que j'étais mince. [Rire]. Moi, je demandais à Marcello «Mais qu'est-ce qu'elles disent?» Elles parlaient le dialecte de Rome que je ne comprenais pas. Alors Marcello répondait: «Mais non! Elles disent je ne sais pas quoi.» Alors qu'elles, elles hurlaient: «Elle est maigre Marcello, tu vas te faire mal!»
Federico et Marcello me manquent. Parfois, j'ai envie de les appeler et qu'on rigole. Notre époque, je la trouve un peu dure. Avant, les journalistes étaient des héros. J'ai rencontré Capa, le photographe.

SS
Ah oui, Robert Capa.

AA
Il était superbe. Il avait un charme fou. Avant, dans les films américains, les Gary Cooper et autres, ils jouaient des rôles de journalistes parce que ça faisait rêver. Maintenant, les journalistes, excusez-moi, mais ce ne sont plus des héros. Des ringards plutôt.

1. Premier film de Jacques Demy (1961).

« Toi aussi, tu aimes les histoires où rien ne se passe ? Dans mon film, il se passe plein de choses. J'y mets tout. Même le marin danseur de claquettes. »
Guido Anselmi

Cet ouvrage est publié à l'occasion de l'exposition
Tutto Fellini – Huit et demi
présentée à la Maison du Diable, Sion,
du 15 septembre au 18 décembre 2011.

L'exposition est coproduite par la Fondation Fellini pour le cinéma, Sion
et le Musée de l'Elysée, Lausanne.

Président de la Fondation Fellini pour le cinéma : Stéphane Marti
Commissaire de l'exposition et directeur du Musée de l'Elysée : Sam Stourdzé
Coordination générale (Lausanne) : Caroline Recher
Coordination générale (Sion) : Nicolas Rouiller
Régie : André Rouvinez, assisté de Michèle Guibert

Ouvrage publié sous la direction de Sam Stourdzé,
assisté de Caroline Recher
Traductions : Anna Colao et Frédérique Destribats
Transcription : Laurence Hanna-Daher
Direction artistique : Thierry Häusermann et Raphaël Verona
Conception et réalisation : This is Not
Edition : IDPURE
Impression : Musumeci SpA

La Fondation Fellini pour le cinéma et le Musée de l'Elysée
adressent leurs remerciements chaleureux à tous ceux qui ont contribué
à la réalisation de ce projet, et notamment à Xavier Barral, Laurent Cochet,
Daniel Girardin, Emmanuelle Kouchner, Antonio Maraldi et Piero Servo, avec
une pensée particulière pour Anouk Aimée et Paul Ronald,

et expriment toute leur gratitude aux institutions qui ont soutenu l'édition du
présent catalogue, la Loterie Romande Valais, la Ville de Sion, l'Etat du Valais,
la Bourgeoisie de Sion, Philippe Varone Vins, les Amis de la Fondation Fellini,
le Lycée-Collège des Creusets.

© Paul Ronald / Archivio Storico del Cinema, AFE, Rome
© les auteurs pour leurs textes
© Fondation Fellini pour le cinéma / Musée de l'Elysée / IDPURE, 2011

ISBN 978-2-9700702-2-1

La présente publication a reçu le soutien de

Les Amis de la Fondation Fellini

www.fondation-fellini.ch
www.elysee.ch
www.idpure.ch

Federico Fellini
8 ½, 1963, black/white 114 minutes

8 ½ is about the film that Guido Anselmi, a movie director played by Marcello Mastroianni, is trying to finalize. On a rest cure at a spa, the exhausted and depressed moviemaker is confronted with his own doubts and confusion. All around him, actors beg for their script, journalists ask their questions and the producer worries. A featherbrained mistress, a bitter spouse, a critical writer, an evanescent muse, inquiring friends and skeptical priests complete the setting. The only thing we actually see of the movie in project is the set, a gigantic aircraft built at great cost by the producer.

8 ½ ceaselessly alternates between reality and dream, remembrance and fantasy and fiction as the uninspired Guido Anselmi slowly drifts into his soul's meanderings, in a blend of childhood figures, real and fantasized women, religious and actors. Harassed by a group of journalists and their superficial and aggressive questions during a press call, he finally gives up and abandons his project. This decision will be followed by a new surge of creativity, leading to the final scene in which the director, megaphone in hand, stages a huge parade in which real and fictive characters, past and present, constitutive of his own life, march together to the sound of music.

Caroline Recher

ENGLISH

Federico Fellini's Colors Interview with Paul Ronald by Antonio Maraldi

Antonio Maraldi
Your first collaboration with Federico Fellini goes back to *Doctor Anthony's Temptations*, one of the sketches in *Boccace 70*. Had you met the movie director from Rimini prior?

Paul Ronald
I knew him by reputation, but I had never met him. I was Luchino Visconti's official set photographer and in those days in Rome, the major directors most often worked with the same people: they were groups of friends, people who saw each other frequently or had similar habits. My first contact with Fellini occured indirectly, thanks to Visconti. I was working with Luchino on the set of another sketch in *Boccace 70*: *The Work*. The film was produced by Carlo Ponti, who also had asked me to follow Fellini's work. I knew that Fellini's photographer at the time was Pierluigi, with whom I was in excellent terms. But he was also working on the other sketch, *The Lottery*, by De Sica, with Sophia Loren, whom he was the official photographer and was following on all of her films.

AM
How was your collaboration with Fellini?

PR
Very good. Fellini was charming with me from the outset. Curiously, it was he who came up to me. There was quite a happy atmosphere on the set. And he made himself available for photos, as in this double edged image of him, the one in which he's leaning from a window in the EUR[1] district.

AM
And with Anita Ekberg, who was just coming out of the amazing success of *La Dolce Vita*?

PR
Everything went quite well with her too. The shock provoked by the movie had somewhat settled down. She no longer was "busty Anita," though the character that she was playing in the film did recall the part she had played two years prior. We befriended. Years later, I was invited for dinner at her place on several occasions.

AM
Color photographs from the shooting of *Doctor Anthony's Temptations* have been found. Did you use color photography a lot?

PR
Frankly, I don't really remember. I did some, surely, but it was exceptional.

AM
After *Boccace 70*, you went back to work with Fellini on *8 ½*. Was it he who asked you to come?

PR
Yes, it was him who wanted to work with me again. One day, as the shooting for *Doctor Anthony's Temptations* was close to the end — we had to go to EUR and Fellini refused to use the production car. "I'll go with Paul" he said, and he got into my Fiat 500. On the way, he admitted: "I have to shoot an important movie and I would like you to be there. I saw you at work: you don't run around, you don't mess around, you're not all over me like a fly—a reference to Pierluigi who was overwhelming, in a lovely way—your images are beautiful and you don't hassle anyone…" Flattered, I replied: "You know, I've already committed myself with Visconti—the shooting of *The Leopard*, for which I was supposed to do some scouting, was about to start—but should the shooting be delayed, I would gladly accept."
After *Boccace 70*, I broke away from Visconti because of some photos I had made of Claudia Cardinale for the magazine *Epoca* without his authorization. I really did not want to have to ask the producers for a job. One day, Nello Meniconi, Fellini's production manager, called me: "Hold on, here is Federico." And Fellini said in a teasing voice: "What do you want me to do? Should I come with my hands full of Oscars to beg you to

come and work on my film?" "I'll be right there" I replied. I rushed to his office on via della Croce and signed my contract, in front of him and his production manager, without even checking how much I would be making. Financially, I was rather well considered. And that's how I ended up in the adventure of *8 ½*.

AM
Did you also take part in the pre-production of the film?

PR
When I signed my contract, the work was quite ahead. I didn't do any scouting or tests. The only test I did was with a girl spotted by the producer Angelo Rizzoli for a role that finally was given to Claudia Cardinale. The shooting had already started. I went to San Remo and met with Rizzoli, who was staying in a very fancy hotel. He was waiting for me with a bottle of champagne: Rizzoli was an excellent host. I had never met him before but we soon got along well. We strolled in the park of the hotel and Rizzoli asked me to take photographs of this girl who was working as hairdresser at the hotel. In those days, the hotel's clients were mostly elderly and rich people, and he had noticed this girl that he thought was very beautiful. I found her pleasant, but nothing more. Rizzoli told me, quite tactfully: "You have to shoot her, but not here. She works here and I don't want her to get into trouble." I took the girl to Bordighera. After that, I returned to the hotel and greeted Rizzoli, who gave me a casino chip worth 100,000 liras and said: "Have fun at the casino." I exchanged the chip and kept the money (the basic weekly salary in those days was 60,000 liras.) Back in Rome, I showed the photographs to Fellini, but he had already chosen Claudia Cardinale, an actress I knew very well, just as I knew Marcello Mastroianni quite well too. Mastroianni and I were friends. He used to tell me that I was the only one to shoot photos of him that really ressembled him, in which he was beautiful, but not banal. We had met in 1948. He was young and played with Gassman in Visconti's *Oresteia*. I had made 9×12 color photographs, with a posing time of more than a minute. We met again on many other shootings, including Blasetti's *The Fortune of Being a Woman* and Scola's *Macaroni*. Last time I saw him was in 1989. I was working on Axel Corti's *The King's Whore*. My wife Huguette was already ill and had stayed in Hyères on the Côte d'Azur, where I used to return every Saturday. On a Sunday, it was around 2 or 3 a.m. and I had just arrived in the lobby of a hotel in Torino when I saw Mastroianni all made-up (I can't remember for which movie, though). I told him teasing: "Sheet, Marcello, you've aged so much!" He burst into laughter and said: "Hey, Paul, f... you"

AM
Compared to Visconti, how was Fellini's way of working?

PR
Visconti demanded absolute discipline and silence. Fellini, on the other hand, loved confusion. The atmosphere was chaotic and funny on the set. One day, he even shook the technicians and stage managers: "What is the problem with you today? You guys are depressing, we can't hear you! Come on, wake up!" For this type of film, he needed a festive atmosphere, but he could have a different attitude on other shootings. For 8 ½, anyway, this is the way he was. Naturally, there were moments when he needed the utmost concentration and the team understood by itself that they had to remain quiet. Everyone had a great admiration for Fellini: there was no need for him to give orders. Contrary to Visconti, Federico did not care much for photographs. He liked to see them, of course, but he would not spend too much time on it. The Count would look at them scrupulously, and demanded series printed in a 30×40 (12×16 inch) format. Fellini, by the way, did not make many takes. He would do some tests, but would never rehearse the scenes because he'd spend a lot of time with the actors to show them how they had to move. Few gestures, but quite eloquent. Some of them weren't even professional actors, and when Fellini sensed that they had difficulties learning their script, he would simply ask them to recite numbers to save time. And he would step in at the dubbing stage. He had done that with an American actress whom I can't seem to remember the name, to determine which role to give her (probably the role of Madeleine LeBeau). One day, instead of asking her to read the script, he simply asked her to list a series of numbers. She was stunned, and left quickly. She felt terribly offended.

AM
And did you have any problems with the other actresses in the film?

PR
No. They were all very professional. None of them ever threw a tantrum, nor asked for specific photos. I took my pictures during the shooting or the pauses, quietly. With "Sandrocchia"—Sandra Milo's nickname—it was friendly, professionally friendly. But I had fewer contacts with Anouk Aimée, a pleasant yet somewhat distant woman. I met Caterina Boratto during that shooting and we became friends. I found her very beautiful, and she invited us several times over to dinner, my wife and I. I also became

friends with Rossella Falk—always on a professional level. We stayed in contact for a long time. We used to write to each other and I even still have the postcards that she sent us from Russia while on a theater tour. There was also the French Madeleine LeBeau, a very lively woman, the only one who insisted on being photographed. Tullio Pinelli fell madly in love with her, and I later understood that they married… Edra Gale, an Australian soprano, was playing the part of "the Saraghina." She had travelled to Rome to improve her singing technique. We became close friends and she often came to our house for dinner. I remember she had offered us a pepper mill that I still use today! She had landed on the shooting because she was fascinated by Fellini, who was as attractive then as light for moths. Considering her face and figure, it did not take long for Fellini to hire her. There were many aspiring actors and actresses gravitating around him. He would always promise a part here or there… He had even promised a part to an English actress I knew well. I had warned her: "Don't expect anything. Fellini is a great lyer. Not because he's nasty, that's just the way he is… He makes promises that he can never hold." And that is what happened! Fellini had tons of ideas. Actually, I remember a funny story. The shooting was almost finished, and we had to shoot a scene with a helicopter. Fellini wanted to leave the set to meet with a girl with whom he had an appointment at a restaurant on via Cristoforo Colombo. Nello Meniconi had promised to take him there with the helicopter, to convince him to stay longer… Fellini had to like the idea, and once the scene was shot, he actually did fly off! The next day, when he arrived on the set, we went up to him—we were a restricted group of collaborators—to ask him about his appointment with the girl. And he proudly said: "When she saw me in the helicopter, she immediately ripped off her underwear!" We all burst out laughing. He was laughing too, as he was telling us all the details. Who knows if it really happened that way? None of us ever saw that girl and for all we know, she may have never existed. Fellini was perfectly capable of inventing the whole thing. That was also part of his charm. About the actors, again, Fellini had this funny idea to give the parts of the priests to non-professional actresses for the school scenes.

He decided he wanted to use my Fiat 500 instead of the trolley for the shooting: the top was opened for the camera, the car was in free wheel, and the crew was pushing it… Cheap and efficient. My car was used for one week. And it drove me nuts to have to remove wedges and clappers from it every evening. There were scenes in a confessional in that school sequence. One day, Fellini turns to me: "Come on, Paolè"—that's the nickname he had given me—"let's sneak to Saint Peter's to photograph the confessionals." We walked along the outer alleys and I discretly took photographs. It was like a game. And in light of the relations he had with certain Vatican circles in those days, it would have been easy for him to get an authorization. But he much preferred the thrills of the forbidden.

AM
During the shooting, you also made some color photographs, in addition to the black-and-white ones. Was it a personal choice?

PR
Yes. the movie was in black and white, so the production did not see the need to have color photographs. But I decided to work with color film, with a 6x6 color negative. Most of these photographs went unnoticed, and then they were bought for a good price by a Swiss editor who at the time had made his request in writing, with a contract attached. I sold him the material since it did not interest anyone in Rome. Piero Servo got a few, but most of them have disappeared.

AM
So during the shooting, you would switch camera, from black-and-white to color?

PR
Yes, I always had two cameras within reach. One with black-and-white film for the production and one with color film for myself. I had mentionned my idea to the set designer at the beginning of the shooting and he had approved it. The sets and costumes were truly magnificently colorful.

AM
What cameras were you using?

PR
I had two Hasselblads. I also used a Rolleiflex for black-and-white films. The Hasselblad allowed me to change stores half-way through from black-and-white to color film, and back to black-and-white. With the Rolleiflex, however, if I started shooting in black-and-white, I had to stick to it till the end of the film. The Hasselblad was a wonderful camera: you could do 6×6 or 4.5×6 cm, the movie format, and get 16 images instead of 12. Today's photographers who are used to digital are not aware that with these cameras, we made fewer images and we needed to change film… That is also why I was very careful not to waste it.

AM
Which does explain why there are also rectangular formats along with the 6×6 photographs?

PR
Yes, I had a pair of stores for the Hasselblad—they were expensive in those days—which allowed me to make both formats.

AM
I noticed that many portraits were in color.

PR
Absolutely, I very often used color for portraits. As I said, these portraits were always taken during the shooting of the movie, never in a studio. First, because I had no time to spare in the studio and second because I never really liked that type of photos.

AM
Among these photographs, the one of Mastroianni with his feet on the table is really extraordinary.

PR
It was at the bar of the spa. He was on a break. I had noticed him and had asked him to put his feet on the table. So he did, and as I was shooting the photo, he turned to me with this typical ironic look of his.

AM
Did Fellini see these color photographs?

PR
He did see some of them. Because they were color negatives, they were not really easy to show. I had gathered them inside plastic sheets in order to look at them against the light. Federico gave it an eye and said: "They are beautiful, really beautiful! Bravo Paolè!" And that was it.

AM
In comparing both techniques, none of the color photographs seem to be a pale copy of the black-and-whites.

PR
I have never done the same image twice. I would change angle. Color photography implies that you must take chromatic elements into account.

For exemple, a purple backdrop will become gray in black-and-white whereas it will take on a different dimension in color.

AM
Where did you print your images? Were you using the same laboratory for color and black-and-white?

PR
I don't remember. I was on the set all day long, so I didn't really feel like locking myself into the darkroom in the evening. And color requested a distinctive treatment. I used to work with a Roman laboratory on Via Po, owned by a very distinguished and puny man but I can't remember his name.

AM
Did you deliver some of your color photographs to the press?

PR
Yes, I did sell some to the press. No one really fought to get them, though. I sold many more black-and-white prints.

AM
How come your name is nowhere mentionned in the credits, whether at the beginning or at the end?

PR
Indeed, my name does not appear but this was often the case in those days. I wasn't really interested in behaving like a star, for tax purposes. I was not necessarily declaring all my jobs; so I preferred not to have my name mentioned in the credits. This does explain why the set photographer was not mentioned in many film credits. And in those days, every film had its own set photographer. Being the film's official photographer, I was following all the production steps. I was always on the set, even when I was not taking photographs. I stayed back. Fellini knew that, and he knew I would follow everything that he did. He never made any specific request. He trusted me. The photographer Tazio Secchiaroli would show up every once in a while. He did not like shootings, or the long breaks, that we would sometimes fill by discussing together. And when there were photos to be made, he would go at it, and he always made nice photographs. Tazio was already obsessed with death in those days. As he did not have a contract with the production, he had made deals with specific newspapers to which he would sell

prints, with Fellini's agreement. I also had that opportunity with *8 ½*, and from time to time, I would deliver weeklies. I sold many of them. Gideon Bachman, a journalist and sometimes photographer, covered several of the film sequences. But Bachman was less independant than Tazio, and usually followed most of my initiatives. Since we are talking about photographers, Elisabetta Catalano, who played Anouk Aimée's sister, enjoyed a nice photography career after the film.

AM
Oddly, and mostly afterwards, the photographs that circulated were mostly Secchiaroli's, whereas yours basically disappeared. What happened?

PR
A lot of my black-and-white photos were destroyed. This happened after a severe disagreement with Rizzoli's press office. I was never in good terms with them: they would always press me with urgent requests at the last minute: "Quick, we urgently need this or that image…" I would storm out of my house, via del Vignola, run to the lab to have them printed and rush to bring them to their office, near the Excelsior. The problem was that regardless of the pressing character of their requests, I was never paid consequently. We had agreed upon a fixed rate per photo and when I would deliver them, they would systematically round it up to their advantage. When I had signed the contract, we had agreed on 120 liras for a 18×24 cm format (8×10 inch). Then, after a year, given that expenses were higher, I had asked for 130 liras per print. And this was Rizzoli office's answer: "We found a lab that will make them for 100 liras…" Infuriated, I answered: "Well, then, give it to them!" I brought most of my negatives to the production office and threw them on the table. The production brought them to Pesce's, an old underground lab near Piazza Vittorio. Soon after, the lab grew bigger and the negatives disappeared. This is one of the reasons why my black-and-white photos from *8 ½* were not much seen. Of course, I had kept some of them and Rizzoli's press office came back to me to ask me if I had any copies. I told them that I had given them the best ones and that nothing was left. That was my little vengence. Later on, I sent some around. But the best ones had been destroyed. The first choice were the photos that I considered most interesting; Second and third choices, I kept them in stock. They weren't "scrap," but prints I did not like as much.

AM
Were the images from the train scene, which was ultimately cut, lost as well?

PR
For the most part, yes. The train scene with the actors dressed in white was shot in a depot of the Italian Railway Company. From my point of view, that scene was not intrinsically interesting. The operating space is quite limited in a coach and characters tend to be somewhat frozen. I did not take that many pictures from that scene. I was very careful about the background. It was very important for me. One of my major preoccupations was to make sure that whomever the model, he or she was integrated within a harmonious and balanced frame. For exemple, I did not like to see a lamp behind Claudia Cardinale's or Caterina Boratto's ear…

AM
You said that you did some enlargements for the film.

PR
Yes, I did, and Fellini used them. The first ones were prints of the traffic scene of the underground passageway in the film's opening sequence. I had the idea, and Piero Gherardi supported me greatly on that—a great personality, indeed, and a genius, just think of the amazing costumes he designed for Barbara Steele, which heralded Mary Quant's designs a few years later in London. On August 15, my wife Huguette and I went to the Lungotevere Mellini tunnel to take photos. Standing at one end, she would warn me with a wistle any time a car would come. Another time, I shot a whole series of cars of all brands with my Rolleiflex on via della Conciliazione. Then I did a first one-meter long model, combining the images of the cars and of the tunnel, and I showed it to Fellini who told me: "Good, good… It just needs to be enlarged." I had another idea and got help from Gherardi; but Fracassi, the general stage manager, was against it. "Leave him alone, he'll surprise you!" Pietro said. After having definitely convinced Fellini, I took other photos of cars and buses and ordered side prints made to the size I had finally determined. Once silhouetted and cut out, I had them glued on offset paper and placed on a bare and gigantic backdrop (10-meter long and 9-meter high), placing transparent cellophane on the windshields. It worked wonderfully. Fellini was delighted: he would play with the cars, moving them around as if they were miniatures… All of this took place at the Scalera[2], via Tuscolana.

In the film's opening sequence, when Marcello gets out of his car, the traffic that you see behind him is mostly made with the cars I had photographed.

The other enlargement was the casino façade that was integrated to the spa set recreated in the Cecchignola district. Gherardi had advised me to photograph the Anzio casino. This photo, shot with a Linhof 9 × 12, was enlarged to a 30-meter format. Making a backdrop was financially extremely advantageous. However, I had nothing to do with the final scene, which was shot at Fiumicino. The structure of the large spatial aircraft was built at the far end of the airport. I'm still amazed that nothing happened. It was very high, and could be dangerous for planes. I really enjoyed shooting that scene. Federico had suggested I take the opportunity and mingle with the fake photographers and cameramen present for the press call. Huguette was there, and we had lots of fun. I probably appear in one of the photograms.

AM
What was your relationship with Gianni Di Venanzo, the Director of Photography?

PR
Excellent. Beyond his anxious and querelous character, Di Venanzo was a very good Director of Photography, able to create a perfect light with very little means. He needed only one light source where others would use four. He did some genious tricks, like in *The Pigeon*. We had friendly ties. I had met him in Sicily on the shooting of *The Earth Trembles*. I was set photographer and he was cameraman. We would sometimes discuss professional matters during the shooting of *8 ½*, even if we both minded our own business. I offered him a Norwood, out of friendship—the best exposure meter in those days. Unfortunatly, Di Venanzo died young. There was never any problem, like with Fellini, rather a deep reciprocal esteem. Fellini did carefully listen to his suggestions even if, despite his apparent disorganization, he knew exactly what he wanted. I'm quite sure that he often feigned improvisation while having a very clear idea of what he wanted...

AM
Did Di Venanzo see your color photos?

PR
Gianni saw a lot of them and liked them very much. Of all the crew members, I would systematically show them to Gherardi and him.

AM
Despite this positive experience, you never worked with Fellini again? Why?

PR
I never did another film with him because the occasion never occurred again. Time flies by. I was working non-stop. You need to eat, don't you… Fellini would always call me, but his schedule was always very vague. He called me for *The Voice of the Moon*. Had I known this was going to be his last movie, I would have worked for free. But I refused because the shooting was to take place at Dino de Laurentis's studio where I had worked on *The Bible*. That had cost me a fortune: I ruined myself in gazoline to get there every day, and was never reimbursed… From then on, I had promised myself I would never work there again. Fellini's production manager had insisted but my decision was irrevocable. Mimmo Cattarinich was the one who ended up working on that shooting.

AM
You never saw Fellini again?

PR
In the early 80s, we would often run into each other. We would meet by chance in the subway, that we both travelled to go to Cinecittà. Once there, he would go up to to his office, studio 2, and I would go the studio 5, where I was working on Zefirelli's *La Traviata*. When we would meet in Cinecittà, Fellini would take my arm and whisper to my ear: "Come on, Paolè, let's pretend we're discussing serious matters…" to fan the curiosity of the court that was waiting for him. It had become a game between the two of us, just like when he used to list numbers with his actors, pretending it was a very serious speech. I had lots of fun. We'd take a walk together, and he would leave and say: "Well, go back to your *traviati*!"[3] One day, he came on Zeffirelli's set. I waved at him and told him to come closer: "Federico, come and say hello to Franco." He said: "No, no, I want to do like the poor kids who peek in hiding… I want to see the rich!" And he hid himself behind a curtain. I told Zefirelli who asked me where he was. "But let him in!" he replied. "He does not want to be seen," I said. Fellini stayed a short while watching the rehearsals. And then he left, quietly.

---

1. An area built in 1942 for the World Fair, for the celebration of the 20th anniversary of the March on Rome. The EUR is famous for its architectural style, typical of the Fascist era.

2. A famous film studio in Rome.

3. A pun on *La Traviata* and the verb "traviare" (lead astray, deprave).

Anoukina bella! Interview with Anouk Aimée by Sam Stourdzé

Sam Stourdzé
The story starts with the rediscovery of the color photographs from the movie *8 ½*.

Anouk Aimée
Oh, yes, who did them?

SS
Paul Ronald. He was one of Visconti's set photographers. Fellini hired him for two films, *8 ½* and just before, *Dr Anthony's Temptations*.

AA
Yes! I remember *Dr Anthony's Temptations* with Anita [Ekberg] stretched out on a large advertising poster…
I was very often in contact with Federico at the time. I spoke to him all the time, even when I was not working.

SS
Did you know him before *La Dolce Vita*?

AA
No, I did not know him. Not at all. I was told that Fellini wanted to meet me. But he was meeting the entire world, every woman, every one for a part, everywhere, in America, in England… I simply went there, but thinking to myself "He must be a macho, anyway…"
Fellini saw my photograph, he liked my face, set it aside and said: "I would like this one." And someone replied: "Yes, but she is an actress." He did not know who I was. He thought I was a model.

I had seen *La Strada* and it was not my favorite movie. I simply went there, somewhat blasé… When I entered the room, as soon as he saw me [laughs]… He had such eyes… The same thing happened when I saw Picasso for the first time. Piercing eyes that could really see through, that saw what was on the other side… From that moment, I was seduced. He talked to me, explained Maddalena's part, asked me if I wanted to do it, and since I was totally under his charm, I said yes. I said yes just for the experience of meeting with him, of being with him, of being there.

SS
What was the language used during this encounter?

AA
English. Fellini did not speak French well. He told me: "You will do it?" in English. And that was it, I said: "Yes." But I knew that everyone wanted to do it, all the actresses. There were two hundred of them waiting. Some time later, I received a telegram—there were telegrams in those days—asking me to come to Rome to play the part.
I went. I wasn't asked to do any tests. I went directly on the film set. Magali [Noël] was already shooting. I remember, it was the scene with Marcello's father in the nightclub.
At the end of the day, we went out for dinner, Federico, Marcello, and Marcello's girlfriend at the time, in that restaurant located on the heights of Rome, in an ancient house that belonged to Mussolini's mistress. We dined and never talked about work.
My first day of shooting was the scene in which I'm driving the Cadillac! And Federico was shouting: "A destra!" [To the right!] "Andiamo!" [Go!]. At that moment, I didn't know what I was doing, I didn't know what I was supposed to do, I didn't understand the character and I didn't know what to say… I was lost! It was impossible. No one could say a word… It was totally crazy! "I can't do it! I'm totally confused." At that point, Fellini must have felt it. He's a sorcerer, you know. He said nothing, and simply invited me to join them for lunch. I did, and when we came back, I knew what he wanted. It was all clear!
I can't explain it. He's a magician. He directed each person in a different way. He would search, that was his way of working. He searched. Though he knew exactly what he wanted.

SS
You, as actors, could you help him in that research?

AA

No, he knew what he wanted. We were his puppets. One day, Sandra [Milo] arrived, and she was walking like in the movie. So Fellini tells me: "Look, can't she walk in a normal way!" I replied: "But listen, you are the one who taught her, you told her to do so." Fellini looked at me and said: "Yes, but the movie is over now!"

Federico, he would take everything out of you. You had to open up to him, yet keeping some little secret, because if he felt that you had given everything, it didn't interest him anymore.

Fellini had a lot of affinities with Marcello and me. He didn't need to tell us much. He would simply say: "Do this." Fellini didn't really like actors who took themselves too seriously, who thought too much. They kind of scared him. I remember of a day when we, Federico, Marcello and myself, were in an elevator. Marcello steps out first and goes to the right. And Fellini then said: "But why are you going right!"

Marcello was marvelous. I remember of an interview in which he spoke of the actor's tough job: "But it is hard, someone comes and picks you up at your hotel with a limousine, you arrive at the studio and everyone is head over hills for you: 'would you like a coffee, a cigarette, do you want this…?' And then you have an armchair with your name on it… It is quite hard!" [Laugh].

SS

Did Fellini have an instinct for coaching actors?

AA

There were people to whom he would explain everything, for hours. There are actors, you should not tell them too much, but for others, you need to explain everything, they need it. I remember the shooting of *8 ½*, in one of the final scenes, with the orchestra. There is a violin player that was played by an assistant. Fellini was shouting at him. So I ask him: "But why are you shouting at him, the poor thing! A while ago, he was only your assistant, and now you scream at him!" And Fellini then replies: "Oh, but you've never seen him so happy!"

SS

Would he usually use non-professional actors?

AA

Yes, Fellini often took people who weren't actors. Sometimes, he stayed calm. He would do several takes and would even say: "I don't want to shoot this scene today, anyway. I prefer if we do it later." And he would always get his way. But with others, he would start screaming on the second take. When I saw him scream for the first time at someone—once, then twice and again a third time—I said to myself: "Oh, that's bad!" But actually, it wasn't, he was right. He knew exactly those with whom he needed to take some time, and the ones he had to pressure.

SS
Did you see any unhappy actors during the shooting, actors who couldn't understand what Fellini expected of them, like the character of the French actress in *8 ½*?

AA
No! Nobody was unhappy; it wouldn't have been normal. No! We were all happy, we loved each other. All the women loved each other. Indeed, during the shooting all the women loved each other.

SS
It seems that you are talking about the harem scene in *8 ½*...

AA
Exactly. We all loved each other. That's the way we were in life, always caring for each other. "Are you alright? Do you need something?" That's the way it was, we loved each other! And Fellini would actually behave differently with each one of us. Actors at times couldn't do it, they would get all steamed up. So Fellini would comfort them: "Tutto va bene…" He knew at a given moment that this one needed to be comforted in order to get what he wanted from him. Fellini had a unique talent for directing people according to their personality.

SS
Was it really that different? You'd already done films with major directors?

AA
Fellini was very intelligent. He had worked at all levels of the film industry, which certainly must have helped him. But he was a genius, a genius with a great sense of humor! It was with him, in those days, that I started to appreciate this job. Before, I would do it just like that… Somebody had come up to me on the street to ask me if I would work in film. *I took it for granted* [in English in the original text] [laugh]. And God knows I was lucky to make films with Carné, Duvivier, Becker… But it was when I met Fellini that I really started to appreciate being an actress.

Before, what disturbed me is that we had to be serious. If you cracked jokes, you couldn't be good. Because you need silence… Filmmakers always say: "There was some noise, it disturbed me." They were all taking themselves very seriously. I was very young—I was 14 when I started. Of course, I was lucky to shoot with great directors. It was even Prévert who found my name!

SS
Tell us about it…

AA
I owe my first name to my first role. I was walking in the street with my mother when someone asked me if I would play in a movie. Mother accepted and I played in Henri Calef's movie, *La Maison sous la mer*. The character was called Anouk. Because I was just a child, every one used to called me "Anouk! Anouk!" I kept that name. My second film was never finished; it was *La Fleur de l'âge* by Marcel Carné. The script was co-signed by Jacques Prévert.
We were shooting in Belle-Île. One day, Prévert and Carné told me that I couldn't just be called Anouk. Arletty, whom I loved, was also in the cast. So I tell them: "But what about her? Her name is just Arletty." [Laugh]. Embarassed, they reply: "You have to understand, when you will be 40 years old, it will be a problem…" But for me, 40 was death! Prévert thought it over: "You must be called Aimée. Anouk Aimée, with two As, like that." So I kept *Aimée*.

SS
Some get their name from their parents, and you got yours from Prévert!

AA
I had a beautiful friendship with Prévert, he wrote songs for Serge Reggiani and for me…
So I started quite young in film. And everybody was very serious… That changed with Fellini; we laughed, we joked. I learnt the trade seriously, but not taking myself seriously! With him, I understood that it could be wonderful to be an actor. Before, it was different. With him, we had fun. We always had fun, actually, even later, when I'd go back to visit him.
I do remember Studio 5 [in Cinecittà]. Fellini was shooting *The City of Women*. The set was gigantic. There was a stage and I was arriving from the other side. Fellini saw me from afar. We ran to meet each other and

just as we were about to fall into each other's arms, he goes on, he ignores me! [Laugh]. The whole crew burst out in laughter. We laughed so much. And when it was time to work – because we did have to work – we never took ourselves seriously.
Do you know that Fellini used to call me the cypress.

SS
The cypress?

AA
My little cypress! And Anouk became Anoukina. He used to call me Anoukina bella! Fellini loved nicknames. Marcello was Marcellino and Sandra [Milo] was Sandrocchia! Fellini always called us by our nicknames, he loved that…

SS
You worked with Fellini in *La Dolce Vita*, and then in *8 ½*. *8 ½* is the moment when Fellini switches to a much more introspective style. Did you witness that change?

AA
No, he was the same. Maybe he felt freer after the success of *La Dolce Vita*, but he was the same. Towards the end of his life, he started to change, to be different. He started to feel bad, ill at ease, certainly because he was having difficulties making his films; also because he loved to be loved.
Every so often, Fellini would talk about his interest for psychoanalysis. It was never too serious. Everything seemed so natural with him. He talked about Jung, Freud, without being heavy. With Fellini, we spoke about everything, quite lightly. I had wonderful moments, when I think of our lunches with great intellectuals in passing. Moravia, Pasolini or Flaiano were often there… It was all very natural, very simple, very pleasant.

SS
The story goes that Fellini used to lie a lot.

AA
Oh yes, Fellini used to lie a lot! I remember I was in his office one day, somewhat worried about the shooting of *8 ½*. I am facing him, he answers a call and says: "Scusa!" ["Sorry!"] And he finally hangs up, somewhat upset, and tells me: "You know it when I lie, right?" I replied:

"Yes!" "Well then, I don't lie. They say I lie. But if the people I like know it when I lie, then I am not lying!" [Laugh].
When Federico would arrive somewhere, it was a mountain arriving! It wasn't that he was good looking: he was superb. He was tall, he had an aura…

SS
You are utterly modern in the role of Luisa.

AA
I think I was very feminine. This is why Federico had me as Maddalena in *La Dolce Vita* as well as for Luisa in *8 ½*.
For *8 ½*, Fellini had my eyelashes cut. Because he thought they were too pretty, too long! And I also had a beautiful wig with short hair.
As a matter of fact, when the film came out, women would go to my hairdresser asking for the same look as Anouk's. But it was Piero who made my face so modern for the film.
I really liked Piero Gherardi, the set designer for the movie. He was marvelous; he is the one who taught me how to do my hair, to put make up, to dress.
Fellini did teach me to smoke, to walk. I do not walk the same way in *La Dolce Vita* and in *8 ½*.
Part of the shooting for *8 ½* took place on the beach of Fregene. Federico and his wife Giulietta [Masina], owned a house nearby. We would finish shooting around 5 a.m. and go for breakfast at Federico's, with Piero, actually.

SS
There is that sublime little scene in the movie in which you start a few dancing steps…

AA
That was Giulietta.

SS
True, there's something of Cabiria…

In *8 ½*, you play Luisa, the wife of the uninspired director. Today, the biographical elements are troubling when we watch the film again. Was it known at the time that it was Fellini's life that was being performed?

AA
One day, Giulietta came on the set. I was finished with the shooting by then. And they called me: "The Maestro wants to see you!" "But it's over!" "No, no, he wants you on the set!" The assistants were all running left and right because Giulietta was there. She did not know the script. It was the first time she was coming. The scene in shooting was the one where Luisa discovers the tests, and all the women are there! It is the only time I saw Federico nervous. He told me: "But Giulietta is here, go say hello to her!" So I went and sat next to her... I used to get along very well with Giulietta. Maybe it was because I never tried to charm Federico. I was not part of all these women who were running after him... As a matter of fact, Federico always used to say to Marcello, speaking of me: "She's our little sister from the country..."
In that scene, we understand quite quickly that the character of Luisa is in fact her. So I am sitting next to Giulietta, and she's asking me questions: "But what's this, and what about her, who is she, a mistress?" So I explain to her: "She's gone, she's Sicilian, with the feathers." And then she asks me: "And what about you?" "I'm not there, but I play the director's wife..."
And one of Federico's assistant would come to me every ten minutes, and discreetly ask me: "The Maestro is asking what Giulietta is saying?" [Laugh]. It was amazing because she was discovering the movie at the same moment when, in the film, Luisa discovers everything!

SS
After *8 ½*, you will never cross path with him again?

AA
Fellini wanted us to continue working together. He even wanted me to play a comic role. He used to say that he found me funny. "We are going to make a movie, I want you to be funny." He had already told me of a few scenes with a femme very fatale who does everything wrong... Federico was intense. At a dinner at Franco Rossi's, I had met Visconti. But Visconti was very different. There were two gangs. And I was in Fellini's!
For me, the film that does make the difference is *La Dolce Vita*. It is my encounter with Federico. *Lola*[1] was also incredible. But *La Dolce Vita* had an amazing impact; it was a bomb, In Europe, in America, everywhere... Yes, because between *La Dolce Vita* and *8 ½*, I did *Lola*. Oh, they teased me so much about Lola's corset! "Come on, show us your legs, turn around!" [Laugh].

SS
Were Paris and Rome very different?

AA
Rome was different. It was a very elegant city, full of charm. Admittedly, I did get there through the front door, I saw Rome through Federico's eyes. Federico filled the space, there was only him! When we walked in the street, people recognized him, hookers would come to him to say hello. I would ask him: "You know her?" and he would say: "Yes, of course!" [Laugh].
Just like in the scene in *La Dolce Vita* in which I drive the Cadillac. We are on Piazza del Popolo when we pick up a hooker. She was really a hooker, and as a matter of fact, the guy on the motorcycle was really her pimp. Then, we went to the hookers' district. They would hail Mastroianni: "Beware Marcello! You are going to hurt yourself, she's all but bones!" Because I was thin. [Laugh]. And I would ask Marcello: "But what are they saying?" They spoke the Roman dialect that I did not understand. So Marcello would answer: "Oh no! I don't know what they say!" Meanwhile, they were screaming: "She's skinny, Marcello, you are going to get hurt!"
I do miss Federico and Marcello. Sometimes, I feel like calling them so we can laugh together. I find our times to be a bit harsh. Before, journalists were heroes. I did meet Capa, the photographer.

SS
Oh yes, Robert Capa.

AA
He was superb. He was incredibly charming. Before, in American films, actors like Gary Cooper and others would play the part of a journalist because it made people dream. Now, journalists, excuse me, but they are no longer heroes. Jerks, rather.

1. First movie of Jacques Demy (1961).

This publication received the support of

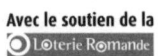      

www.fondation-fellini.ch
www.elysee.ch
www.idpure.ch

Les Amis de la Fondation Fellini